# Alphabetisches
# Haupt-Sachregister
zum
# Justizministerialblatt
(Jahrgang 1902 bis 1909 einschließlich)

für das

## Königreich Bayern

nach dem Stande der Gegenwart

bearbeitet von

**Hans Leichtenstern,**
Kgl. Amtsgerichtssekretär in Mitterfels

**1910**
**München und Berlin**
J. Schweitzer Verlag (Arthur Sellier).

Druck von Dr. F. P. Datterer & Co., G. m. b. H., Freising und München.

# Alphabetisches Sachregister.

---

**Notiz.**
Die fettgedruckten Ziffern bedeuten den Jahrgang des Justizministerialblattes, die mageren die Seiten.

## A.


**Abänderung**, siehe die betreffenden Gesetze.

**Abfassung** der Urteile in bürgerlichen Rechtsstreitigkeiten u. Strafsachen **07**, 242.

**Ableben** eines Gefangenen der Strafanstalten **07**, 349.

**Advokaten** u. Rechtsanwälte, Fonds derselben, sowie Pensionsanstalt für deren Witwen u. Waisen **04**, 247, 295; **07**, 423; **08**, 220.

**Agrikulturbotanische** Anstalt, Errichtung einer solchen **02**, 708.

**Akten**, deren Vorlage an den Strafsenat des Obersten Landesgerichts **08**, 176; — Führung in Nachlaßsachen **03**, 179; — in Strafsachen **03**, 296; **05**, 565.

**Aktenausscheidung** **05**, 565.

**Allgemeiner** Unterstützungsverein für die Hinterbliebenen der Kgl. b. Staatsdiener u. die hiemit verbundene Töchterkasse, für die Vereinstätigkeit, Vereinsleitung u. Satzungsänderung betr. **02**, 1078; **04**, 297, 299, 307; **05**, 667, 756, 861; **07**, 398, 399, 407; **08**, 27, 244, 263, 270; **09**, 57, 175, 119, 227, 437, 444, 530.

**Alkohol**, Genuß, Einfluß auf die Häufigkeit u. Art der Verbrechen **09**, 503; — Zählkarten **09**, 505.

**Amerika** und Vereinigte Staaten v. A. — Auslieferungsverkehr mit Amerika **06**, 5; — Rechtshilfeverk. mit **07**, 155; — Verfolgung der von Deutschen in den Vereinigten Staaten u. von Staatsangehörigen der Vereinigten Staaten in Deutschland begangenen Verbrechen u. Vergehen **02**, 1074.

**Amtsanwälte**, deren Post-, Boten- u. Bestellbücher **02**, 707.

**Amtsanwaltschaft** beim Kgl. AG. München I **04**, 242.

**Amtsblätter**, hier deren Bescheinigungsbücher **08**, 261.

**Amtsführung** der Standesbeamten, hier die Aufsicht betr. **05**, 575; — der Standesbeamten der Pfalz **09**, 288.

**Amtsgebäude**, deren Beleuchtung **05**, 568.

**Amtsgerichte**, deren Regie 05, 787; 07, 229.

**Amtsgerichtsdiener**, deren Aufstellung 08, 331.

**Amtsgerichtsdirektor**, Titel 08, 330.

**Amtsgerichtsgefängnisse**, deren Verwaltung 02, 681.

**Amtssiegel**, Führung desselben durch die Standesbeamten 02, 242.

**Anbringung** gerichtlicher Siegel, Verfahren betr. 02, 962.

**Änderung**, siehe die betreffenden Bestimmungen.
— von Zins u. Zahlungsbestimmungen, Bewertung notarieller Urkunden über die Änderung von Zins u. Zahlungsbestimmungen 07, 30.

**Angeklagte**, u. Zeugen, Ermittlung früherer Bestrafungen 08, 131.

**Anklageschriften**, deren Mitteilung an die Strafanstalten 06, 53.

**Anlegung** von Geld bei der Bank siehe Geldanlagen.
— von Gemeinde- u. Stiftungsgeldern 05, 701; 09, 551; — von Geldern der Kultusstiftungen u. Kirchengemeinden 05, 717.

**Anmeldeverfahren**, siehe Grundbuch.

**Anstalten**, die zur Aufnahme von gepr. Rechtspraktikanten bereit sind 07, 395; 08, 3, 79, 254; 09, 106, 175, 437, 529.

**Anstellungsschein** für den Unterbeamtendienst 07, 252; 07, 256, 273.

**Anstellungsverhältnisse** im höheren Justiz- u. Verwaltungsdienst 08, 173; 09, 169, 325.

**Anteilsabtretungen**, Gebühren für dieselben 07, 22.

**Anwendung** d. Zeugniszwangshaft 08, 1.

**Anzeige** der außerehelichen Geburten 04, 91; — der Todesfälle 06, 219; Anzeige der Geburten in Strafanstalten u. ähnlichen Anstalten 04, 294; 08, 8.

**Arbeiterversicherungsgesetze**, Vollzug derselben 08, 115.

**Arbeitshäuser**, Beschäftigung der dortigen Gefangenen 02, 590.

**Arbeitsverdienst** in den Strafanstalten 07, 332.

**Arbeitszeit** u. Arbeitsmaß in den Strafanstalten 07, 331.

**Archiv** für Kriminal-Anthropologie u. Kriminalstatistik 04, 43.

**Archivalien**, deren Versendung zum amtlichen Gebrauch 09, 552.

**Archive**, deren Benützung 09, 552.

**Armenpflege**, deren Gebührenfreiheit 06, 192; — Abänderung des Gesetzes 02, 576.

**Art.** 205 des Gebührenwesens 02, 614.

**Art.** 55 Gebührengesetz, hier Tabelle zur Berechnung der Gebühr 07, 32; Verzeichnis der gestundeten Gebühren 07, 41.

**Arzneitaxordnung** für das Königreich Bayern 02, 595.

**Ärzte** der Heilanstalten als Sachverständige, hier deren Ladung betr. 03, 381; — deren Gebühren bei Dienstleistungen bei Behörden 02, 1063; 03, 453; 04, 49, 52; — deren Vorschriften über das Verfahren bei der gerichtlichen Untersuchung von Leichen 08, 152, 159 Anlage; — ärztliche Untersuchung bei den Strafanstaltsbeamten 05, 828.

**Asservate** des Gerichtsvollziehers 02, 629, 680.

**Asservatenbuch** des Gerichtsvollziehers, die Belege betr. 02, 680.

**Aufmunterung** der Strafanstaltsgefangenen durch den Vorstand 07, 339.

**Aufnahme** u. Austritt von Notariatsgehilfen 03, 78; 09, 411.

**Aufnahme** der Gefangenen in Strafanstalten 07, 309.
**Aufsicht** s. Dienstaufsicht.
— über Kartelle 06, 84.
— über die Kinderarbeit in gewerblichen Betrieben 06, 84.
— über das Kostkinderwesen 06, 37.
**Aufsichtsamt**, kaiserliches, für Privatversicherung, Verfahren u. Geschäftsgang 02, 242.
**Aufsichtsbezirke** u. Amtssitze der Fabriken- u. Gewerbeinspektoren in Bayern 04, 57.
**Ausbezahlung** der Zeugen- u. Sachverständigen-Gebühren, sowie der Gebühren der Schöffen u. Vertrauensmänner durch die Gerichtsschreiberei 05, 33.
**Auseinandersetzung** in Ansehung des Gesamtgutes nach Beendigung der Gütergemeinschaft 04, 211; — Gebühren für 06, 22.
**Ausführung** d. Offizierpensionsgesetzes u. d. Mannschaftsversorgungsgesetzes vom 31. Mai 1906, 06, 161.
**Ausführungsbestimmungen** zu Gesetzen s. die Gesetze.
**Auskunftstelle** für Maltechnik 07, 208.
**Ausland**, Auslieferungsverkehr mit dem Ausland 09, 2; — dortiges Vormundschaftsrecht siehe Vormundschaftsrecht im Ausland.
**Ausland**, Rechtshilfeverkehr mit Ausland 07, 127, 140; 09, 202.
**Ausländer**, deren Eheschließungen in Bayern 07, 176; 08, 136; — Zulassung von Ausländern zu den juristischen Prüfungen 04, 109.
**Auslieferung** von Verbrechern an außerdeutsche Staaten 08, 95; 09, 523.
**Auslieferungsverfahren** 05, 851; 09, 2; — bei schwurgerichtl. Urteilen 02, 1050.
**Auslieferungsverkehr** mit Amerika u. dessen Vereinigte Staaten 06, 5; — mit Belgien 02, 419; 09, 20; — mit Brasilien 09, 20; — mit Bulgarien 09, 20; — mit Columbien 09, 20; — mit Dänemark 09, 24; — mit Frankreich 09, 25; — mit Großbritannien, Irland u. den britischen Kolonien u. auswärtigen Besitzungen 04, 126; 05, 649; 07, 221 — mit Griechenland 09, 26; — mit Japan 09, 40; — mit Irland 05, 649; 07, 221; — mit Italien 09, 203; — mit Luxemburg 09, 40, 202, 370; — mit den Niederlanden 09, 41; — mit Norwegen 09, 43; — mit Österreich-Ungarn 09, 44; — Rußland 09, 46; — mit der Schweiz 03, 433; 05, 685, 833; 07, 22, 153; 09, 47; — mit Serbien 09, 49; — mit Spanien 09, 49; — mit Uruguay 09 56; — mit den Vereinigten Staaten von Amerika 09, 50.
**Ausscheidung** der Akten 05, 565.
**Außerkurssetzung** der Taler deutschen Gepräges 07, 372.
**Austausch** von Zivilstandsakten mit dem Auslande 06, 2; — von Zivilstandsurkunden mit der Schweiz 06, 1; — von Personenstandsurkunden mit der Schweiz 06, 1; 07, 418.
— von Strafnachrichten mit Griechenland 07, 353; — mit Norwegen 07, 184; — mit Peru 02, 615; — mit Österreich 06, 270.
**Auszüge** aus dem Personenstandsregister 09, 288.

# B.

**Baden,** Kosten der Rechtshilfe in der freiwilligen Gerichtsbarkeit im Verkehr mit Baden **03**, 291.

**Badezimmer** in Dienstwohnungen, Kosten der Einrichtung **02**, 1055.

**Badisches** Landrecht, Güterstand der nach bad. Landrecht zu beurteilenden Ehen **03**, 417.

**Bakteriologische** Untersuchungen betr. Vorschriften für Entgegennahme, Verpackung und Versendung von Proben zur bakteriologischen Untersuchung **03**, 17 ff., 386; — Gebührentarif **03**, 27; — Dienergebühren **03**, 29.

**Bank,** siehe Geldanlage bei der Bank u. Scheckverkehr u. Depositenanlagen.

**Bayern,** Eheschließungen von Bayern im Ausland **07**, 176.

**Bayerische** Gesandte, Ersuchen um Rechtshilfe an dieselben **07**, 135.

**Bayerischer** Militärfiskus als Drittschuldner, hier dessen Vertretung **06**, 255.

**Beamte,** Vorladung derselben, hier Kosten der Stellvertretung **02**, 235; **09**, 555; — öffentliche, deren Ladung in Zivil-, Straf-, Verwaltungs- u. Verwaltungsrechtssachen **02**, 520, 549; — deren Vernehmung als Zeugen u. Sachverständige **02**, 520, 549.

**Beamtengesetz,** hier Veröffentlichung der Ernennungen u. Versetzungen, Wiederanstellung u. Beförderung der Beamten **08**, 337.

**Beamtenkonferenz** in Strafanstalten **07**, 351.

**Beaufsichtigung** der Kostkinder betr. **06**, 37.

**Bedingte** Begnadigung, Verfahren **02**, 1089; **04**, 47; **07**, 205; **08**, 285.

**Beförderung** der Ersuchschreiben der Justizbehörden ins Ausland **07**, 130; **09**, 201; — Beförderungsgesuche **06**, 324.

**Beglaubigung** der Erklärungen über den Familiennamen **02**, 308; — der zum Gebrauch in Rußland bestimmten Urkunden **05**, 37; — konsularische, der zum Gebrauch im Ausland bestimmten Urkunden **04**, 48.

**Begnadigung,** siehe auch bedingte Begnadigung; — Behandlung der Gesuche **02**, 1052.

**Begnadigungen,** deren Mitteilung an die Strafregisterbehörden **07**, 114.

**Begnadigungsgesuche** im Geschäftsbereich der preußischen Militärverwaltung u. Marineverwaltung **02**, 1052.

**Behandlung** der Depositen bei d. Kgl. Bank siehe Depositen; — der Gefangenen in Strafanstalten **07**, 312; — gestundeter Gebühren für amtliche Telegramme **07**, 354; — der Kranken in den Strafanstalten **07**, 324.

**Behörden,** Dienstsiegel der Beh. **02**, 955.

**Beiblatt** zum Zentralpolizeiblatt **02**, 1093.

**Beistände,** Formular für deren Bestellungen **02**, 237.

**Beistandsleistung** in gerichtlichen Angelegenheiten, hier die Erstattung der Kosten betr. **07**, 85.

**Beitreibung** der Malzaufschlagsgefälle **02**, 523.

**Bekämpfung** des Mädchenhandels **05**, 789.

**Beköstigung** der Strafanstaltsgefangenen **07**, 321.

**Beleuchtung** in Amtsgebäuden **05**, 568.

**Belgien,** Auslieferungsverkehr mit Belgien **02**, 419; **09**, 20; — Rechtshilfe-

verkehr mit Belgien **07**, 143; **09**, 203; — Vormundschaftsrecht **06**, 137.
**Benachrichtigung**, wechselseitige, der Militär- u. Justizbehörden über das Auftreten übertragbarer Krankheiten **02**, 683; — der Pfarrämter von Sühneterminen in Ehesachen **05**, 662.
**Bennofest**, Verlegung desselben **09**, 239.
**Berufe**, der Zugang zum höheren Justizdienst **08**, 173; **09**, 169, 325.
**Berufsgenossenschaften**, Mitteilungen an dieselben bei Konkurs **02**, 556.
**Berufungsregister**, Nebenregister zu denselben **07**, 114.
**Beschäftigung** der Strafanstaltsgefangenen **07**, 329.
**Bescheinigungsbücher** für amtliche Blätter **08**, 261.
**Besetzung** der Beamtenstellen mit Militäranwärtern **07**, 247.
**Besitzveränderungsgebühren** **07**, 11.
**Besoldungen** der Staatsbeamten u. Bediensteten **02**, 721; **04**, 171, 176.
**Besserungsanstalten**, siehe Zwangserziehungsanstalten.
**Bestallungen** im Vormundschaftswesen **02**, 236; — der Grundstücksschätzer **09**, 322.
**Bestellbücher** der Amtsanwälte **02**, 707.
**Bestellung** der Gerichtssiegel beim Hauptmünzamt **02**, 955.
**Bestrafung**, Ermittlung früherer — von Angeklagten u. Zeugen **08**, 131.
**Bestrafung** der Strafanstaltsgefangenen **07**, 340.
**Bestrafungen** wegen roher u. unsittlicher Handlungen **08**, 57.
**Besuche** u. schriftlicher Verkehr der Strafanstaltsgefangenen **07**, 318.
**Beurkundung** der auf Eisenbahnen u. Binnenschiffen während der Fahrt eintretenden Geburts- u. Sterbefälle **02**, 1053.
**Beurlaubtenstandspersonen**, hier Vollzug von Gesamtstrafen an denselben **09**, 509; — Vollzug der Disziplinarstrafen **05**, 649.
**Beurlaubungen** bei den Justizbehörden **04**, 105.
**Bosnien** u. Herzegowina, Rechtshilfeverkehr mit Bosnien **04**, 241; **07**, 159; — Vollstreckung deutscher Urteile in Bosnien **04**, 110; — Verzeichnis der Gerichtsbehörden dort **07**, 174.
**Boten** der Landgerichte, deren Aufstellung **08**, 332.
**Botenbücher** der Amtsanwälte **02**, 707.
**Brasilien**, Auslieferungsverkehr m. Brasilien **09**, 20; — Rechtshilfeverkehr mit Brasilien **07**, 144; **08**, 119.
**Britische** Kolonien, Rechtshilfeverkehr mit denselben **07**, 146.
**Bücher** für Strafanstaltsgefangene **07**, 329.
**Bücherrevisoren**, die Bestellung beeidigter **03**, 252.
**Bulgarien**, Rechtshilfeverkehr mit Bulgarien **07**, 144; — Auslieferungsverkehr mit Bulgarien **09**, 20.

## C.

**Centralpolizeiblatt**, das Veröffentlichungsverfahren **02**, 1093.
**Chile**, Rechtshilfeverkehr mit Chile **07**, 144.
**Civilprozeßordnung**, Anwendung der § 110 Abs. 2 Nr. 1, § 114 Abs. 2 **02**, 532.
**Civilsachen**, Urteilsabfassung betr. **07**, 242.

**Columbien**, Auslieferungsverkehr mit Columbien **09**, 20; — Rechtshilfeverkehr mit Columbien **07**, 144; — unmittelbarer Verkehr der Justizbehörden mit dem Konsulate der Republik **07**, 422.

**Criminalpolizeiblatt**, d. internationale Criminalpolizeiblatt **08**, 88.

## D.

**Dänemark**, Auslieferungsverkehr mit Dänemark **09**, 24; — Rechtshilfeverkehr mit Dänemark **07**, 145.

**Depot**, Hinterlegung zum offenen Depot **05**, 741; **06**, 27.

**Depositen**, Anlage der gerichtlichen D. bei der Bank **04**, 114, 276; **05**, 33; **07**, 97, 185; **08**, 216.

**Deutsche Gesandte**, Ersuchen um Rechtshilfe an dieselben **07**, 135.

**Dienergebühren** für bakteriologische Untersuchungen **03**, 29.

**Dienerpersonal**, besondere Vergütungen an dasselbe **06**, 127.

**Dienstbriefe**, Bezeichnung der portopflichtigen **04**, 72.

**Diensteinkommensmehrungsabgabe 09**, 119.

**Dienstesaufsicht** über die Gerichte u. Notariate durch die äußern Dienstesaufsichtsbehörden **05**, 783.

**Dienstesvorschriften** für die Gerichtsschreibereien der Amtsgerichte **02**, 1; — für die Gerichtsschreibereien der Landgerichte **02**, 151; — für die Gerichtsschreibereien der Oberlandesgerichte **02**, 215; **05**, 27; — für die Gerichtsvollzieher, Ergänzung der Dienstesvorschriften **02**, 383, 680, 1049; **03**, 452; **05**, 779; **08**, 151, 199, 241; — für die Grundbuchämter **05**, 61, 593, 829; **07**, 96; **09**, 118.

**Dienstesanweisung**, s. Dienstesvorschriften.

**Dienstsiegel** der Gemeindewaisenräte **02**, 677, 683; — der Gerichte u. Staatsanwaltschaften, deren Bestellung **02**, 955; — der Standesbeamten **02**, 242.

**Dienstwohnung** u. Dienstzimmer der etatsmäßigen Beamten, hier die Entschädigung betr. **09**, 266; — Einrichtung von Badezimmer in denselben **02**, 1055.

**Direktoren**, stellvertretende, der Landgerichte **08**, 330; — der Amtsgerichte **08**, 330.

**Dispacheure**, deren Gebühren **08**, 73.

**Disziplinargesetz** für richterliche Beamte, hier dessen Vollzug **08**, 381.

**Disziplinarstrafen** der Mannschaften d. Beurlaubtenstandes, hier Strafvollstreckung **05**, 649.

— für Strafanstaltsgefangene **07**, 340.

**Dreimarkstücke**, deren Verpackung **08**, 233.

**Drittschuldner**, hier Vertretung des Reichsfiskus als Drittschuldner im Bereiche der preußischen Militärverwaltung **06**, 293; — Vertretung des bayrischen Militärfiskus als Drittschuldner **06**, 255; **09**, 188.

**Durchlieferung** von Gefangenen durch Staaten **09**, 4, 19.

# E.

**Ehefähigkeitszeugnisse** 07, 176.
**Ehesachen**, Benachrichtigung der Pfarrämter von Sühneterminen 05, 662.
**Eheschließungen**, bayrischer, in der Pfalz heimatberechtigter Staatsangehöriger in der Schweiz 04, 125.
— von Bayern im Auslande u. von Ausländern in Bayern 07, 176; 08, 136; — der Schweizer in Bayern 05, 801.
**Eid**, der amtlichen Grundstücksschätzer 09, 309.
**Eidliche** Verpflichtung der Angestellten von Privatbahnen 06, 35.
**Einführung** der Beleuchtung in Amtsgebäuden 05, 568.
**Eingebrachtes Gut** der Ehefrau, Vollstreckung in dasselbe 09, 511.
**Einweisung** von Verurteilten in die Strafanstalten u. Militärstrafanstalten betr. 03, 41, 81, 420; 08, 87, 103; 09, 71, 105, 297.
**Einzelhaft** in Strafanstalten 07, 317.
**Einziehung** der Fünfzigpfennigstücke 07, 52; — der Nickelmünzen, der abgenützten 08, 153; — der Kupfermünzen, der abgenützten 08, 153.
— der Kosten in Angelegenheiten der freiwilligen Gerichtsbarkeit durch die Behörden eines andern Bundesstaates 03, 307.
— u. Erstattung der Portoauslagen 06, 53.
— der Reichskassenscheine 08, 259.
**Einzug** der Militär- u. Gendarmeriepensionen 05, 681.
**Eisenbahnfiskus**, Vertretung desselben 04, 15.
**Elsaß-Lothringen**, Rechtshilfekosten in der freiwilligen Gerichtsbarkeit im Verkehr mit Elf.-Lothr. 03, 294.
**Entlassung** der Strafanstaltsgefangenen aus der Strafanstalt 07, 345.
— vorläufige, von Strafgefangenen 02, 1052; 08, 183.
**Entlassungsgesuche**, um vorläufige, im Geschäftsbereich der preußischen Militärverwaltung u. Marineverwaltung 02, 1052; 08, 183.
**Entlastung** der Richter von der Schreibarbeit 07, 237.
**Entmündigungsverfahren** gegen die in Irrenanstalten untergebrachten Personen 04, 49.
**Entschädigung** der Beamten für die vom Staate überlassenen Wohnungen u. Grundstücke 09, 266.
— für unschuldig erlittene Untersuchungshaft 05, 743; 07, 209; 08, 336.
**Erbschaftssteuer**, Erhebung von dem Nachlaß eines Russen 07, 68.
**Erbschaftssteuergesetz**, Vollzug desselben 03, 226; 05, 575; 06, 238.
**Erholungszeit** für Strafanstaltsgefangene 07, 335.
**Erledigung** der Ersuchschreiben der Justizbehörden im Auslande 07, 127; 09, 201.
**Ermittlung** früherer Verurteilungen von Angeklagten u. Zeugen 08, 131.
**Errichtung** von Testamenten vor dem Gemeindevorstand 08, 74.
**Ersatzbehörden**, die im Strafverfahren u. im Strafvollstreckungsverfahren an die Ersatzbehörden zu machenden Mitteilungen 02, 728.
**Erstattung** von Kosten der Rechtshilfe u. Beistandleistungen in gerichtlichen Angelegenheiten 07, 85.
**Ersuchschreiben** der Justizbehörden,

deren Erledigung im Auslande 07. 127; 09, 201.

**Erziehungsanstalten**, hier Unterbringung von Mädchen in dieselben 02, 612; — Verzeichnis der Anstalten, in denen Minderjährige untergebracht werden können, s. Zwangserziehungsanstalten 02, 653; 03, 82, 04, 28; 05, 794; 06, 82; 07, 419; 09, 209.

## F.

**Fabrikinspektoren**, deren Aufsichtsbezirke u. Amtssitze 04, 57; 08, 734.

**Familiennamen**, die Beglaubigung der Erklärung betr. 02, 308.

**Feldpolizeiübertretung**, Gesetz betr. das Ersatzgeld u. das Pfändungsrecht u. die Verfolgung von Ersatzansprüchen aus einer Feldpolizeiübertretung 02, 421.

**Ferngespräche**, Zahlung u. Verrechnung der Gebühren für amtliche Ferngespräche 03, 67, 278.

**Fernsprechapparate**, deren Pfändung 03, 315.

**Festnahme**, die vorläufige, flüchtiger Personen in den niederländischen Kolonien u. auswärtigen Besitzungen 09, 199.

**Feststellung**, amtliche, des Wertes von Grundstücken 09, 307.

**Finanzdienst**, mittlerer, Vorbedingungen 05, 645.

**Fischereirechte**, deren Eintragung in das Grundbuch u. Hypothekenbuch 09, 137.

**Fiskus**, Feststellung dessen Erbrechts 03, 133.

**Formulare** für Bestellungen der Beistände 02, 237; — der Grundstücksschätzer 09, 322; — im Vormundschaftswesen 02, 237.

**Forstgesetz**, Änderungen des Forstgesetzes bzw. der Vollzugsvorschriften 08, 96.

**Fortbildung** der Rechtspraktikanten 07, 393.

**Frankreich**, Auslieferungsverkehr mit Frankreich 09, 25; Rechtshilfeverkehr mit Frankreich 07, 145; Vormundschaftsrecht 06, 37.

**Freiheitsstrafen**, Vollstreckung von Freiheitsstrafen an den zur Zwangserziehung in einer Familie oder in einer Anstalt untergebrachten Minderjährigen 04, 95.

**Führung** des Grundsteuerkatasters 05, 593.

**Fünfundzwanzig-Pfennigstücke**, deren Verpackung 09, 542.

**Fünfzigpfennigstücke**, deren Einziehung 07, 52.

## G.

**Garn**, hier Kleinhandel mit Garn, Feststellung des Trockengewichts von Garn durch Sachverständige 02, 1063; 03, 273; — Untersuchung von Garn 03, 273.

**Gast-** u. Schankwirtschaften, Beschäftigung von Gehilfen u. Lehrlingen in Gast- und Schankwirtschaften 02, 321, 421.

**Gebühren** für ärztliche Dienstleistungen

bei Behörden 02, 1063; 03, 453; 04, 49, 53; — für die Beglaubigung der zum Gebrauch in Rußland bestimmten Urkunden 05, 37; — der Dispacheure 08, 73; — für Gesellschaftsverträge 07, 15; — in Grundbuchsachen 05, 592; — der Grundstücksschätzer 09, 319; — für die Hinterlegungen der Pfandleiher 07, 69; — in Hypothekensachen 02, 411; — der k. u. k. österreichisch-ungarischen Konsulate 02, 956; — in Nachlaßsachen 03, 247; 07, 11; — der Notare in Grundbuchsachen 05, 561, 592; — der Notare in Nachlaßsachen 03, 351; — der Notare für Vorschießen von Gebühren und Abgaben 02, 292; — in Pflegschaftssachen 07, 11; — der Rechtsanwälte im Verfahren vor den Schiedsgerichten und dem Reichsversicherungsamte 02, 242; — im Verfahren vor dem Kgl. Landesversicherungsamte 02, 549; — in den Angelegenheiten der Rechtspflege 02, 427, 441, 537; — in den Angelegenheiten der Verwaltung u. Verwaltungsrechtspflege 02, 489, 498; 02, 537; — in Registersachen 07, 11; — in Vormundschaften 07, 11.

**Gebührenfreiheit** der Armenpflegen anderer deutscher Bundesstaaten 06, 192.

**Gebührenordnung** für Zeugen- u. Sachverständige 02, 531; 05, 33; 06, 325.

**Gebührenregister** für Notariate 09, 557.

**Gebührentarif** für bakteriologische Untersuchungen 03, 27.

**Gebührenwesen**, Art. 205 betr. 02, 614; — hier Vollzugsbestimmungen zu demselben 07, 11.

**Geburten**, die von den Standesbeamten an die Amtsgerichte zu erstattenden Anzeigen von Geburten 04, 55.

**Geburtsanzeigen** bei außerehelichen Geburten 04, 91; — bei Geburten in Gefangenen- und ähnlichen Anstalten 04, 294; 08, 8.

**Geburtsfallbeurkundung** bei Geburt während der Fahrt auf Eisenbahnen u. Binnenschiffen 02, 1053 ff.

**Geburtsscheine**, deren Ausstellung betr. 05, 725; 06, 194; 09, 290.

**Gefangene**, siehe auch Strafanstaltsgefangene; — der Strafanstalten, s. Hausordnung; — Zustellung an dieselben 03, 308.

**Gefangenenobsorge**, Errichtung einer Hauptstelle in Nürnberg 09, 1.

**Gefangenenunfallfürsorge** betr. 02, 359, 362; 02, 370, 391; 03, 271; 04, 1; 05, 664; 07, 68; 09, 124.

**Gefängnisaufseher**, deren Aufstellung 08, 331.

**Gefängnisverwalter**, deren Aufstellung 08, 331.

**Gefängniswärter**, deren Aufstellung 08, 331.

**Gehaltsauszahlung** an die etatsmäßigen Beamten 09, 300.

**Geisteszustand**, Gutachten über d. Geisteszustand Verurteilter 03, 435.

**Geldanlage** bei d. Kgl. Bank im Depositenverkehr 03, 388; 05, 577; 07, 97, 185, 423; 08, 122, 154, 219, 262; 09, 121.

**Geldstrafen**, Verrechnung von Geldstrafen und von Erlösen eingezogener Gegenstände in gerichtlich erledigten Zollstrafsachen 05, 1.

**Gemeinde-** u. Stiftungsgelder, deren Anlegung 05, 701; 09, 551.

**Gemeindebehörden**, Verkehr der Justizbehörden mit den Gemeindebehörden 09, 327.

**Gemeindebezirksänderungen** 03, 401; 07, 220.

**Gemeindetestamente**, deren Errichtung 08, 74.
**Gemeindewaisenräte**, deren Dienstsiegel 02, 677, 683; — deren Postkarten 02, 527; 08, 334; — Portopflicht d. Verkehrs mit Gemeindewaisenräten 02, 524; 02, 1012.
**Gemeinschaftshaft** in Strafanstalten 07, 315.
**Gendarmen**, deren Zeugen- u. Sachverständigengebühren 06, 325.
**Gendarmeriepensionen**, deren Einziehung 05, 681.
**Genossenschaften**, hier Änderung der vom statistischen Bureau den Registergerichten zugehenden Verzeichnisse 03, 100.
**Gerichtliche Depositen-Anlage** bei der Kgl. Bank 04, 114, 276.
**Gerichtskostenvorschuß** der Reichsangehörigen gegenüber Eingeborenen der Schutzgebiete 02, 532.
**Gerichtskostenwesen**, betr. Rechnungen u. Quittungen 04, 115; — Anwendung d. § 85 Abs. 2 Nr. 1 02, 532.
**Gerichts-Regie** der Amtsgerichte, siehe Amtsgerichte.
**Gerichtsschreiber**, deren Prüfung, Ernennung und Titel 08, 331.
**Gerichtsschreiberei**, Besetzung der Gerichtsschreiberei mit Beamten 08, 331; 09, 345; — deren Einrichtung 09, 345; — Geschäftsanweisungen für die Amtsgerichte 02, 1; 07, 209; — desgl. für die Landgerichte 02, 151; 05, 27; — desgl. für die Oberlandesgerichte 02, 213; 05, 27.
**Gerichtsschreibergehilfen**, deren Aufstellung 08, 331; — Wahrung der Mitgliedschaft beim Kanzlistenpensionsverein 06, 5.
**Gerichtssiegel**, deren Bestellung 02, 957.
**Gerichtsverfassungsgesetz**, Vollzug des Ausführungsgesetzes hinsichtl. d. Justizbeamten 08, 330.
**Gerichtsvollzieher**, Asservate 02, 384, 680. — Dienstesvorschriftenergänzung 02, 384, 680, 1049; 03, 452; 05, 27, 779; 08, 151, 199, 241; — Landesgebührenordnungs-Ergänzung 02, 383, 391, 426; — deren Tagegelder 04, 110.
**Gerichtsvollzieherordnung**, Vollzug des § 2 02, 311.
**Gesamtgut**-Auseinandersetzungen u. Teilung in Ansehung des Gesamtgutes 03, 156, 346; 04, 211.
**Gesamtstrafen**, die Vollstreckung der militär- u. zivilgerichtlich erkannten Gesamtstrafen gegen Personen des Beurlaubtenstandes u. der nach § 156, 160, 161 MStG. erkannten Freiheitsstrafen 09, 509.
**Gesamtstrafen**, Kosten der Vollstreckung, der Gesamtstrafe, an der verschiedene Bundesstaaten beteiligt sind 07, 88; — auf die bürgerlichen Behörden übergehende Vollstreckung militärgerichtlicher erkannter Gesamtstrafen 03, 418.
**Gesandte**, Ersuchen um Rechtshilfe an dieselben 07, 135.
**Geschäftsanweisungen**, siehe Dienstesvorschriften u. die einschlägigen Ämter.
**Geschäftsausweise** bei den Gerichten u. Staatsanwaltschaften 05, 30.
**Geschäftsbehandlung** in den zur Zuständigkeit der Schöffengerichte gehörenden Strafsachen 03, 295; 04, 2.
**Geschäftsordnung** der Notare, hier deren Änderung betr. 03, 338; 08, 199, 241.
**Geschworenen-** u. Schöffendienst, Herstellung der Listen u. Wahlen betr. 04, 93.
**Gestundete** Telegrammgebühren, deren Behandlung 07, 354.

**Gesuche** außerhalb des Gebiets der Rechtshilfe 07, 157.

**Gesundheitsamt**, Mitteilungen gerichtl. Entscheidungen an das Gesundheitsamt 03, 311, 454.

**Gesundheitspflege** in den Strafanstalten 07, 322.

**Gewerbeaufsichtsbeamte**, hier deren Tätigkeit in den Strafanstalten 07, 383.

**Gewerbeaufsichtsdienst** betr. 04, 57; 08 334.

**Gewerbegehilfen**, wandernde 06, 7.

**Gewerbegerichte** in Bayern, übersicht der bestehenden Gewerbegerichte 03, 255; 04, 70; 08, 137.

**Gewerbeinspektoren**, deren Aufsichtsbezirke u. Amtssitze 04, 57; 08, 734.

**Gewerblicher** Sachverständigenverein 06, 61, 299; 07, 377, 381.

**Giroverkehr** mit d. Kgl. Bank, hier Entrichtung der Reichsstempelabgabe für weiße Schecks u. Quittungen 09, 435.

**Gläubigerausschuß** im Konkursverfahren, dessen Rechte u. Pflichten 07, 227.

**Gottesdienst** in den Strafanstalten 07, 326.

**Griechenland**, Auslieferungsverkehr mit Griechenland 09, 26; — Rechtshilfeverkehr mit Griechenland 07, 146; — Strafnachrichtenaustausch mit Griechenland 07, 353.

**Großbritannien** und Irland, Auslieferungsverkehr mit Großbritannien 04, 126; 05, 649; 07, 221; 09, 26; — Rechtshilfeverkehr mit Großbritannien 07, 146; — Verfolgung der Verbrechen und Vergehen 02, 1074.

**Grundbuch**, Eintragung der Fischereirechte in das Grundbuch 09, 139.

**Grundbuchamt**, Geschäftsanweisung für die Grundbuchämter 05, 61, 593, 829; 07, 96; 09, 118.

**Grundbuchanlegungsordnung** für die Pfalz v. 15. Sept. 1902, 02, 745; — Inhaltsübersicht 02, 953.

**Grundbuchanmeldungsverfahren**, hier Mitteilungen nach § 37 der Geschäftsanweisungen 02, 571.

**Grundbuchgebühren** 05, 592.

**Grundbuchordnung**, hier d. Anwendung des § 18 07, 100.

**Grundbuchsachen**, die Gebühren der Notare in Grundbuchsachen betr. 05, 561.

**Grundsätze** für die Besetzung der mittleren Kanzlei- u. Unterbeamtenstellen bei den Rechts- und Staatsbehörden mit Militäranwärtern u. Inhabern von Anstellungsscheinen 07, 247.

**Grundsteuerkataster**, hier dessen Führung betr. 05, 593.

**Grundstücksschätzer**, deren Eid 09, 309.

**Grundstückswertsfeststellung**, amtliche 09, 307.

**Gütergemeinschaft**, Auseinandersetzung in Ansehung des Gesamtgutes nach d. Beendigung der Gütergemeinschaft 04, 211.

**Güterstand** der vor dem Inkrafttreten d. BGB. geschlossenen, nach badischem Landrechte zu beurteilenden Ehen 03, 417.

## H.

**Haager**, Abkommen über d. Zivilprozeß vom 17. Juli 1905, hier dessen Vollzug 09, 202, 369; — Abkommen über Privatrecht 07, 71; — Abkommen zur Regelung der Vormundschaft über Minderjährige 06, 137.

**Haftbefehlserlassung** nach § 489 RStPO. in Strafvollstreckungsverfahren **05**, 742.

**Handelsregister**, die Berichtigung und Vervollständigung betr. **02**, 311, 537, 555, 679, 1112; — Führung, hier Mitwirkung der Handelskammer und Handwerkskammer **02**, 1111; **09**, 86; — Führung bezüglich der Gewerbetreibenden **08**, 258; — Gebühren für Eintragung **07**, 11.

**Handwerkskammern**, Mitwirkung derselben bei der Registerführung **02**, 1111; **09**, 86.

**Hauptmünzamt**, Bestellung d. Gerichtssiegel dortselbst **02**, 595.

**Hauptstelle** für Gefangenenobsorge in Nürnberg **09**, 1.

**Hausgeistliche** bei den Gerichtsgefängnissen **08**, 216.

**Hausordnung** für die bayr. Strafanstalten **07**, 309.

**Heilanstalten**, hier Statistik über die Morbidität in den Heilanstalten **02**, 979.

**Heiratsscheine** **09**, 289.

**Herzegowina**, Rechtshilfeverkehr mit Herzegowina **04**, 241; **07**, 159; — Verzeichnis der Gerichtsbehörden **07**, 174; — Vollstreckung deutscher Urteile dort **04**, 110.

**Hinterlegungsgebühr** der Pfandleiher **07**, 69.

**Hinterlegungswesen**, Besorgung durch die Kgl. Bank **08**, 262, s. a. Depositen.

**Hochverrat** gegen Kaiser u. Reich, hier Strafverfahren betr. **05**, 573; **06**, 231.

**Honig**, Verkehr mit Honig (Nahrungsmittelgesetz) **03**, 98.

**Hypothekenämter**, Vereinigung d. pfälzischen mit den Amtsgerichten **02**, 403, 421.

**Hypothekenbuch**, Eintragung d. Fischereirechte in dasselbe **09**, 139.

**Hypothekengesetz**, dessen Änderung betr. **04**, 27.

**Hypothekenurkunden**, die Vollstreckung in das eingebrachte Gut **09**, 10.

## J.

**Japan**, Auslieferungsverkehr mit Japan **09**, 40.

**Institute**, die zur Aufnahme von gepr. Rechtspr. bereit sind, s. Anstalten.

**Internationaler** Rechtsverkehr **07**, 127; s. Haager usw.

**Invalidenversicherungsgesetze**, deren Vollzug **03**, 431.

**Irland**, Auslieferungsverkehr mit Irland **05**, 649; **07**, 221; — Rechtshilfeverkehr mit Irland **07**, 146.

**Italien**, Auslieferungsverkehr mit Italien **09**, 203; — Rechtshilfeververkehr **07**, 147; **09**, 38; — Vormundschaftsrecht **06**, 138.

**Jugendliche**, Strafverfahren gegen Jugendliche **08**, 161.

— Personen, deren Unterbringung in Erziehungsanstalten **02**, 612.

**Juristische** Berufe, der Zugang zu denselben **08**, 173.

**Justizbauten**, Kosten der Justizbauten u. ihrer inneren Einrichtung **03**, 64.

**Justizbeamte**, hier Meldeverfahren **02**, 234, 1074; **06**, 324.

**Justizdienst**, Anstellung im höheren Justizdienst **08**, 173; **09**, 169, 325.

**Justizkanzlistenpensionsverein**, s. Pensionsverein.

# K.

**Kaffee**, hier Vollzug des Nahrungsmittelgesetzes **03**, 269.

**Kaiserliches** Gesundheitsamt, hier Verzeichnis von Krankheiten u. Todesursachen **05**, 38.

**Kaminkehrer**, Terminsbenachrichtigung im Grenzversteigerungsverfahren **05**, 829.

**Kantone** in der Schweiz, an deren Amtssitze sich die Behörden wegen Rechtshilfe in Strafsachen wenden können **03**, 357.

**Kanzleiexpeditor** **60**, 73; — deren Aufstellung **08**, 371.

**Kanzleipersonal** bei den Notariaten, hier deren Verhältnisse betr. **03**, 78, **06**, 220; **09**, 411.

**Kartelle**, Aufsicht über dieselben **06**, 80.

**Katasterberichtigung** bei Erbfällen **03**, 145.

**Katasterumschreibung** aus Anlaß von Todesfällen **03**, 228, 230.

**Kaufmannsgerichte** in Bayern **08**, 118.

**Kautionshypotheken** für Zinsen u. Kosten in d. Zwangsversteigerung **06**, 74.

**Kerzen**, die Feststellungen des Gewichts von Packungen **02**, 1103.

**Kinderarbeit** in gewerblichen Betrieben, hier Mitwirkung der Schulbehörden u. des Lehrpersonals beim Gesetzesvollzug **06**, 85.

**Kinderschutzgesetz**, Vollzugsbestimmungen **06**, 85.

**Kirchengemeindegelder**, deren Anlegung **05**, 717.

**Kleidung** der Strafanstaltsgefangenen **07**, 321.

**Kolonien**, siehe Schutzgebiete.

**Kolumbia**, unmittelbarer Verkehr der Justizbehörden mit dem Konsulate d. Republik **07**, 422.

**Kommunalschuldverschreibungen**, Anlegung von Mündelgeld **02**, 312.

**Konkurs**, Mitteilungen an Berufsgenossenschaften **02**, 556.

**Konkursverfahren**, Rechte u. Pflichten des Gläubigerausschusses und seiner Mitglieder **07**, 227; — Statistik **05**, 35; — hier Zählkarten betr. **05**, 35.

**Konsul**, deutsche, unmittelbarer Verkehr mit denselben **09**, 201, 205, s. Verzeichnis **09**, 206; — deutsche, Rechtshilfe durch dieselben **07**, 135; — Zuständigkeit desselben **07**, 135.

**Konsularbeamte**, die zur Abhörung v. Zeugen u. zur Abnahme von Eiden allgemein ermächtigt sind; — hier deren Amtssitze **03**, 363; **06**, 134.

**Konsularbehörden**, Verkehr der Justizbehörden mit den in Bayern zugelassenen fremden Konsularbehörden **03**, 243; **04**, 2, 92; **05**, 5; **07**, 49, 184, 374, 422; **08**, 119, 142, 176, 243, 260; **09**, 122, 189.

**Konsularische** Beglaubigung der zum Gebrauch im Ausland bestimmten Urkunden **04**, 148.

**Konsulate**, Ersuchen an Deutsche **07**, 135; — die Gebühren der k. k. österreichisch-ungarischen Konsulate betr. **02**, 956; — Verzeichnis der kaiserlich deutschen Konsulate **07**, 83; **08**, 71; **09**, 118, 206.

**Kosten** der Rechtshilfe unter den Behörden verschiedener Bundesstaaten **03**, 307; **04**, 267; **05**, 8; **07**, 85; **08**, 174.

**Kosten** der Untersuchungshaft bei Ersuchen der Vollstreckung durch fremde Bundesstaaten **03**, 385.

**Kosten** im Zwangserziehungsverfahren **09**, 210.

**Kosteneinziehung** in Angelegenheiten d. freiwilligen Gerichtsbarkeit durch Behörden eines andern Bundesstaates **03**, 307.

**Kostenerstattung** im Auslieferungsverfahren **09**, 20.

**Kostenwesen** in Strafsachen **04**, 2; **05**, 33; — hier Bezahlung der Zeugen u. Sachverständigen betr. **02**, 235, 531; **05**, 33; **06**, 325.

**Kostkinder**, deren Beaufsichtigung **06**, 37.

**Krankenbehandlung** in Strafanstalten **07**, 324.

**Krankheiten**, übertragbare, wechselseitige Benachrichtigung der Militär- und Polizeibehörden **02**, 683; — Verzeichnis von Krankheiten u. Todesursachen **05**, 38.

**Kriminalmuseum** **03**, 387; — in München **04**, 217, 228.

**Kultusstiftungs-** u. Kirchengemeindegelder, hier d. Anlegung betr. **05**, 717.

**Kündigung** hinterlegter Wertpapiere **02**, 617.

**Kunst** u. Photographie, hier die Sachverständigenkammern betr. **07**, 375.

**Kupfermünzen**, abgenützte, deren Einziehung **08**, 153.

# L.

**Ladung** öffentlicher Beamter oder Bediensteter in Zivil-, Straf-, Verwaltungs- und Verwaltungsrechtssachen **02**, 520, 549.

**Ladung** von sachverständigen Ärzten v. Heilanstalten **03**, 381.

**Lagerstätte** der Strafanstaltsgefangenen **07**, 321.

**Landesgebührenordnung** für Gerichtsvollzieher **02**, 383.

**Landesverrat** gegen Kaiser u. Reich, hier Strafvollstreckung betr. **05**, 573; **06**, 231.

**Landesversicherungsamt**, hier Mitteilungen desselben **03**, 81; **04**, 69.

**Landgerichtsdirektoren**, stellvertretende **08**, 330.

**Landgerichtsgefängnisse**, deren Verwaltung **02**, 681.

**Landgerichtsräte**, Titel **08**, 330.

**Landstreicherei** bei wandernden Gewerbegehilfen **06**, 7.

**Landtagswahlen** betr. **05**, 727, 741; **07**, 113.

**Lehrlinge** in Gast- u. Schankwirtschaften **02**, 312, 421.

**Lehrstellen** im Handwerke, hier vormundschaftsgerichtliche Tätigkeit betr. **03**, 267.

**Leichenöffnung**, Vornahme der richterlichen Leichenöffnung **04**, 14.

**Leichenschau**, Ausstellung von Leichenschauscheinen betr. **03**, 95; **06**, 194.

— die Vornahme der richterlichen Leichenschau u. Leichenöffnung betr. **04**, 14; **06**, 194.

— Verfahren für Ärzte **08**, 152.

**Liquidation** der Umzugsgebühren der Beamten **02**, 1045.

**Liste** der Anwärter für Anstellung im oberen Garnisonsverwaltungsdienst **07**, 287.

**Luxemburg**, Auslieferungsverkehr mit Luxemburg **09**, 40, 202, 370; — Rechtshilfeverkehr mit Luxemburg **07**, 147; — Vormundschaftsrecht **06**, 138.

# M.

**Mädchen**, deren Unterbringung in Erziehungsanstalten 02, 612.

**Mädchenhandel**, Bekämpfung desselben 05, 789.

**Maltechnik** an d. Kgl. technischen Hochschule in München, hier die Versuchsanstalt u. Auskunftsstelle betr. 07, 208; 09, 264.

**Malzaufschlagsgefälle**, deren Stundung, Beitreibung u. Sicherung betr. 02, 523.

**Mannschaftsversorgungsgesetz** v. 31. Mai 1906, hier Ausführung desselben 06, 161; 07, 182.

**Materialprüfungsanstalten** 09, 507.

**Meldeverfahren** der Justizbeamten 02, 234, 1074; 06, 324.

**Mettingsche** Stiftung betr. 09, 377.

**Mexiko**, Rechtshilfeverkehr mit Mexiko 07, 148.

**Mietentschädigungen** u. Mietzinse für die den Beamten vom Staate eingeräumten Wohnungen u. Zimmer u. d. Pachtentschädigung für Grundstücke 09, 267.

**Mietzins**- u. Mietwertsentschädigung bei Umzug von Beamten 02, 1038; s. Beamtengesetz.

**Militäranwärter**, Anstellung im Zivildienste 09, 267; — Erhebung d. militärischen Versorgungsgebührnisse anläßlich der Gehaltsordnung 09, 186; — hier Stellenbesetzung durch diese betr., siehe Grundsätze für Besetzung usw. 07, 247, 287; — Verzeichnis der den Militäranwärtern im Reichsdienste vorbehaltenen Stellen 02, 683; 07, 727.

**Militärdienstzeitanrechnung** bei etatsmäßigen Beamten 09, 506.

**Militärfiskus**, bayerischer, hier Vertretung desselben als Drittschuldner 06, 208, 255, 292; 09, 188; — preußischer, desgleichen 06, 209; — sächsischer, desgleichen 06, 293.

**Militärgerichtliche** und zivilgerichtliche Gesamtstrafen gegen Personen des Beurlaubtenstandes, hier Strafvollzug betr. 09, 509; — Strafen, deren Vollstreckung durch bürgerliche Behörden 03, 418; — Sträflinge, deren Einweisung in Strafanstalten 03, 54, 81.

**Militärische** Geheimnisse, Anzeige wegen deren Verrat 06, 231; — Strafvollstreckung wegen deren Verrat 05, 573.

**Militärpensionen**, Einzug desselben 05, 681.

— u. Militärrenten, deren Regelung betr. 06, 182.

**Militärpensionen**, hier Anzeige der Sterbefälle u. Geburtsfälle an das Standesamt 09, 173.

**Militärtransportordnung**, Änderung derselben 02, 1062; 02, 1081.

**Minderjährige**, Strafvollstreckung an denselben, die zur Zwangserziehung in einer Familie oder sonstigen Anstalt untergebracht sind 04, 95; — deren Unterbringung in Erziehungsanstalten, siehe Zwangserziehungsanstalten; — die Vormundschaft über Minderjährige nach dem Haager Abkommen 06, 137.

**Mitteilungen** an die Berufsgenossenschaften bei Konkurs 02, 556; — an die Ersatzbehörden u. Militärbehörden im Strafverfahren 02, 728; — gerichtlicher Entscheidungen an d. kaiserliche Gesundheitsamt, Patentamt u. Aufsichtsamt für Privatversicherung 03, 311, 454; — an die Untersuchungsanstalten 02, 556; 08, 58; — des Landesversicherungsamtes 04, 69; — nach § 37 der Grundbuchgeschäftsanweisungen 02, 571; — von Begnadigungen an die Strafregisterbehörden 07, 114; — der Straflisten durch die Strafregisterbehörden 08, 252; — der Staatsanwaltschaft beim Strafvollzug an d. Strafanstalten 06, 53.

**Modelle**, siehe Muster.

**Monako**, Rechtshilfeverkehr mit Monako 07, 148.

**Morbidität** in den Heilanstalten, hier Statistik 02, 979.

**München**, Amtsgericht, Geschäftseinteilung beim A.-G. München 09, 540.

**Mündelgeld**, hier die Prioritätsschuldverschreibungen der pfälzischen Ludwigsbahn, Maximiliansbahn u. der Nordbahn 09, 88; — Anlegung von Mündelgeld in Kur- u. Neumärkischen Ritterschaftlichen Kommunalschuldverschreibungen 02, 312.

**Muster** u. Modelle, siehe Urheberrecht an solchen u. Sachverständigen-Vereine.

## N.

**Nachforderung** ausgebliebener amtlicher Zeitungen 08, 261.

**Nachlaßgebühren** betr. 03, 247; 07, 11.

**Nachlaßsicherung** durch Gemeindebehörden 03, 216.

**Nachlaßwesen**, formelle Behandlung für Gerichte 03, 111 ff.; 05, 563; — formelle Behandlung für Notariate 03, 338; — Gebühren 03, 247; — Gesetz, betr. das Nachlaßwesen 02, 708.

**Nachnahme** als portopflichtige Dienstsendungen 04, 72.

**Nachweisung** der Behörden u. Personen, welche den Reichsmilitärfiskus als Drittschuldner zu vertreten haben 06, 209, 293.

— von Behörden u. Beamten, welche den bayr. Militärfiskus als Drittschuldner zu vertreten haben 06, 255.

**Nahrungs-** u. Genußmittel, Vollzug des Reichsgesetzes vom 12. Mai 1879 über den Verkehr mit Nahrungs- u. Genußmittel u. Gebrauchsgegenständen 02, 556; — Mitteilungen an die Untersuchungsanstalten im Strafverfahren 08, 58.

**Nahrungsmittelgesetz**, hier Denkschrift über den Verkehr mit Honig 03, 98; — mit Kaffee 03, 269.

**Nebenkautionen** in der Zwangsversteigerung 06, 74.

**Nebenregister** der Prozeß- u. Berufungsregister 07, 114.

**Neuregelung** des bayr. Portofreiheitswesens 07, 43.

**Nickelmünzen**, abgenützte, deren Einziehung 08, 153.

**Niederlande**, Auslieferungsverkehr mit den Niederlanden 09, 41; — Rechtshilfeverkehr mit den Niederlanden 07, 148; 09, 370; — Vormundschaftsrecht 06, 138; — Strafverfolgung d. Deutschen in d. Niederlanden u. der Niederländer in Deutschland 02, 1074.

**Niederländische** Justizbehörden, unmittelbarer Verkehr mit denselben in Strafsachen 06, 71; — Kolonien, hier die vorläufige Festnahme dort-

selbst betr. **09**, 199; s. Verzeichnis der Behörden in denen die Festnahme beantragt werden kann.
**Norwegen**, Auslieferungsverkehr mit Norwegen **09**, 43; — Austausch von Strafnachrichten mit Norwegen **07**, 184; — Rechtshilfeverkehr mit Norwegen **07**, 149; **09**, 370.
**Notare**, deren Ladung als Zeugen oder Sachverständige **02**, 520; — Pensionsvereinssatzungen für die Notare **02**, 256, 302; — desgleichen für deren Witwen u. Waisen **02**, 273, 302.
**Notariate**, Änderung der Geschäftsordnung **03**, 338; **08**, 199; — Akten, rechnerische Behandlung der Tantiemen **02**, 295.
**Notariatsgebühren** für das Vorschießen der Gebühren u. Abgaben **02**, 292; — in Grundbuchsachen **05**, 561; — nach Geschäftsänderung **09**, 557.
**Notariatsgebührenordnung**, deren Änderung **03**, 333; — deren Vollzug **07**, 11.
**Notariatsgebührenregister** **09**, 557.
**Notariatsgehilfen**, Aufbringung der Mittel zu deren Unterstützung **08**, 21; — deren Ladung als Zeugen u. Sachverständige **02**, 520; — Vorschriften über deren Aufnahmen u. Austritt **03**, 78; **06**, 220; **09**, 411.
**Notariatsgesetz**, Vollzug des Art. 127, 128 d. Notariatsges. **02**, 253.
**Notariatskonzipienten**, deren Ladung als Zeugen- oder Sachverständige **02**, 520.
**Notariatspersonal** betr. **06**, 220; **09**, 411; s. Notariatsgehilfen.

## O.

**Oberamtsrichter**, Titel **08**, 330.
**Oberaufseher** der Gefängnisse, der Aufstellung **08**, 331.
**Obersekretär**, Titel **08**, 332.
**Offizierpensionsgesetz** v. 31. Mai 1906, hier dessen Ausführungsbestimmungen **06**, 161.
**Ortsklasseneinteilung** bei Wohnungszuschüssen **04**, 179; **05**, 811.
**Ortschaftsverzeichnis**, hier Lieferung betr. **03**, 353.
**Österreich-Ungarn**, Auslieferungsverkehr mit Österreich-Ungarn **09**, 44; — Austausch von Strafnachrichten **06**, 270; — Rechtshilfeverkehr mit Österreich-Ungarn **07**, 149, 159; — Vollzug deutscher Urteile dort **05**, 3.

## P.

**Pachtentschädigung** für die den Beamten vom Staate überlassenen Grundstücke **09**, 266.
**Patentamt**, Mitteilung gerichtlicher Entscheidungen an das kaiserl. Patentamt **03**, 311.
**Pensionsanstalt** für Witwen u. Waisen der Advokaten u. Rechtsanwälte im Königreich **04**, 247, 295; **07**, 423; **08**, 220.
**Pensionseinzug** der Militär- u. Gendarmeriepensionen **05**, 681.
**Pensionsquittungsbücher** der Militär- u. Marinepersonen, hier Vorlage derselben **06**, 180.
**Pensionsverein** der Justizkanzlisten **02**,

679; 06, 5; 08, 240, 337; — für Notare 02, 256, 291, 302; — für die Hinterbliebenen 02, 273; — Notariatsgehilfen 06, 5; 08, 240.

**Pensionsverhältnisse** für das nichtpragmatische statusmäßige Personal der Justiz, innere u. Finanz-Verwaltung 04, 89.

**Personalakten** der Aufsichtsbehörden üb. die Justizbeamten 02, 234.

**Personalverhältnisse** bei den Gerichtsschreibereien 09, 345; — bei den Notariaten, s. Notariatspersonal.

**Personenstandsgesetz**, Anzeige d. außerehelichen Geburten betr. 04, 91; — Anzeige der Geburten während der Fahrt auf Eisenbahnen u. Binnenschiffen 02, 1053; — Anzeige der Geburten in Strafanstalten u. ähnlichen Anstalten 04, 295; 08, 8; — Vollzug bei Geburts- u. Sterbefällen von Militärpersonen 09, 173.

**Personenstandsregister**, deren Führung u. Auszüge aus denselben 05, 725; 06, 194; 09, 288.

**Personenstandsurkundenaustausch** mit der Schweiz 06, 1; 07, 419.

**Peru**, Austausch von Strafnachrichten mit Peru 02, 615.

**Pfälzische** Eisenbahnprioritätsschuldverschreibungen der pfälzischen Eisenbahnen als Mündelgeld 09, 88.

**Pfandleiher**, Hinterlegungsgebühr 07, 69.

**Pfändung** von Gehalten u. Pensionen, Vertretung des Militärfiskus 06, 208, 255, 292; — v. Telegraphen u. Fernsprechapparaten 03, 315; — der Unteroffiziersdienstprämien 09, 188.

**Pfarrämter** Benachrichtigung derselben von Sühneterminen in Ehesachen 05, 662.

**Photographie** u. Kunst, hier Sachverständigenkammern 07, 375, 379.

**Portoablösung** 08, 334.

**Portoauslagen**, deren Einziehung u. Erstattung im Rechtshilfeverkehr 06, 52.

**Portobehandlung** bei d. Justizbehörden 09, 213.

**Portofreiheit** u. Portoablösung 07, 4; 08, 240, 334.

**Portopflichtige** Dienstbriefe für Nachnahmen 04, 72.

**Portugal**, Rechtshilfeverkehr mit Portugal 07, 151; 09, 204.

**Postaufgabebücher**, deren Führung 09, 554.

**Postbücher** der Amtsanwälte 02, 707.

**Postfiskus**, hier Vertretung desselben 04, 15.

**Postkarten** der Waisenräte 02, 527; 08, 334.

**Post-**, Telegramm- u. Telephongebühren, die Zahlung u. Verrechnung 09, 213.

**Postzustellungsurkunden**, deren Bestellung 02, 240.

**Praxis** der Bewerber um Anstellung im höheren Justizdienste 09, 325; — der gepr. Rechtspraktikanten 07, 393; 09, 325.

**Preußischer** Militärfiskus als Drittschuldner, hier dessen Vertretung 06, 209.

**Privatversicherung**, Mitteilung gerichtlicher Entscheidungen an das kaiserl. Aufsichtsamt 03, 111.

**Privatversicherungsunternehmen**, Vollzug des Gesetzes über P. durch Gerichte u. Notare 02, 239, 243.

**Protokolle** über die Leichenöffnung u. das Gutachten der Ärzte 08, 152; — der Schöffengerichte, deren Aufbewahrung in den Akten 03, 295.

**Prüfung** für den höheren Justiz- u. Verwaltungsdienst, hier Bestimmung des Prüfungsaktes 04, 109; 07, 3; — für das Gerichtsschreiberamt 08, 330.

## Q.

**Qualifikation** des Justizpersonals (gesamten) 02, 234; 05, 781; 06, 226.

**Quittungen** der Gerichte 04, 115.

## R.

**Reblausgesetz**, hier Aufstellung des Hilfsbeamten der Staatsanwaltschaft 06, 37.

**Rechnungen** der Gerichte 04, 115.

**Rechtsanwälte** u. Advokaten, die Pensionsanstalt für deren Witwen und Waisen 04, 295; 08, 220.

**Rechtsanwaltsgebühren** in den Angelegenheiten der Verwaltung u. Rechtspflege 02, 427, 441 ff., 489 ff., 499 ff., 537; — im Verfahren vor d. Schiedsgerichten u. dem Reichsversicherungsamte 02, 242; — im Verfahren vor dem Kgl. Landesversicherungsamte 02, 549.

**Rechtsanwaltsordnung**, hier Vollzug d. § 25 RAO. 07, 48.

**Rechtshilfe**, Generalentschließung, hier die im Auslande zu erledigenden Ersuchen der Justizbehörden 07, 127, hier Verfahren bei Erledigung von Ersuchschreiben, Zustellungen, Vernehmungen u. Abnahme von Eiden, Zwangsvollstreckung, Urteilsvollstreckung, Kostenpunkt 07, 127 ff; — mit dem Ausland siehe: Rechtshilfeverkehr unter: Belgien, Bosnien, Brasilien, Bulgarien, Chile, Columbien, Dänemark, Frankreich, Griechenland, Großbritannien u. Irland, Herzegowina, Italien, Kolumbia, Luxemburg, Mexiko, Monaco, Niederlande, Norwegen, Österreich-Ungarn, Portugal, Rumänien, Rußland, Schweden, Schweiz, Schutzgebiete, Serbien, Spanien, Uruguay, Venezuela, Vereinigte Staaten von Amerika.

**Rechtshilfe**, Gesuche ins Ausland außerhalb des Gebiets der Rechtshilfe 07, 157.

**Rechtshilfekosten** in der freiwilligen Gerichtsbarkeit im Verkehr mit Baden 03, 291; 07, 127 ff.; — desgleichen mit Elsaß-Lothringen 03, 294; 07, 127; — unter den Behörden verschiedener Bundesstaaten 04, 267; 05, 8; 08, 175; — deren Einziehung u. Erstattung 07, 85; 08, 174; — Einziehung u. Erstattung der Portoauslagen 06, 52, 54, 159.

**Rechtshilfeverkehr** auf Grund des Haager Abkommens über den Zivilprozeß vom 17. Juli 1905 09, 202, 206; — mit der Schweiz in Strafsachen 03, 357; — mit den Konsularbehörden, s. Konsularbehörden.

**Rechtspraktikanten**, Bestimmung d. Prüfungsaktes bei der II. Prüfung 06, 3; — deren Fortbildung 07, 393; — deren Sitzungskleidung 09, 107.

**Rechtspraktikanten**, siehe Anstalten, die gepr. Rechtspraktikanten aufnehmen; — siehe Anstellungsverhältnisse u. Berufe.

**Rechtsschreibung**, einheitliche Gestaltung derselben **02**, 1109.

**Rechtsverkehr** internationaler **07**, 127.

**Regelung** der Militärpensionen u. -Renten **06**, 182; — der militärischen Versorgungsgebührnisse der im Zivildienst angestellten Militäranwärter anläßlich der Gehaltsordnung **09**, 186.

**Regie** d. Amtsgerichte **05**, 787; **07**, 229.

**Regiewesen** bei den Gerichten u. Staatsanwaltschaften **05**, 850.

**Registerwesen**, hier Gebührenbewertung **07**, 11.

**Reichsbeamte**, Einziehung u. Kürzung der Pensionen bei Wiederanstellung oder Wiederbeschäftigung **09**, 291.

**Reichserbschaftssteuergesetz**, siehe Erbschaftssteuergesetz.

**Reichskassenscheine**, deren Einziehung **08**, 259.

**Reichsmilitärfiskus**, Vertretung desselben als Drittschuldner **06**, 209, 255, 293.

**Reichsstempelabgaben** für die von den an den Giroverkehr mit der Kgl. Bank angeschlossenen staatlichen Behörden ausgestellten weißen Schecks, sowie für Quittungen **09**, 435; — deren Ansatz, Einhebung u. Beitreibung **09**, 458, 480.

**Reichsstempelgesetz**, Vorschriften für Gerichtsschreiber **09**, 461; — für Grundbuchämter **09**, 469; — für Notare **09**, 461; — für Rentämter **09**, 472.

**Reichsstempelgesetz-Vollzugsvorschriften** **02**, 421; **06**, 232; **09**, 457, 480.

**Reichstagswahlen** **07**, 1.

**Reinigung**, besondere Vergütungen für die Reinigung der Amtsräume **06**, 127.

**Reinlichkeitspflege** in den Strafanstalten **07**, 322.

**Reisekosten** der Vertreter der Handels- und Gewerbekammern **02**, 679; — deren Verrechnung **02**, 679.

**Religionsunterricht** in den Strafanstalten **07**, 326.

**Rentamtliche** Kosten, hier Schlüsselduplikate **03**, 382.

**Richter**, deren Entlastung von Schreibwerk **07**, 237.

**Rohe** u. unsittliche Handlungen, die Bestrafung wegen roher u. unsittlicher Handlungen **08**, 57.

**Ruhegehälter** der etatsmäßigen Beamten, sowie Witwen- u. Waisengelder der Hinterbliebenen **09**, 173.

**Ruhezeit** für Strafanstaltsgefangene **07**, 334.

**Rumänien**, Rechtshilfeverkehr mit Rumänien **07**, 151; — Vormundschaftsrecht **06**, 138.

**Rußland**, Auslieferungsverkehr m. Rußland **09**, 46; — Beglaubigung der zum Gebrauch in Rußland bestimmten Urkunden **05**, 37; — Rechtshilfeverkehr mit Rußland **07**, 151; **09**, 204, 369, 372.

**Russen**, Erbschaftssteuern von dem Nachlasse eines Russen **07**, 68.

## S.

**Sächsischer** Militärfiskus als Drittschuldner, hier dessen Vertretung **06**, 293.

**Sachverständige**, öffentliche Bestellung von Sachverständigen für bestimmte Arten von Gutachten **09**, 150; — für

Feststellung des Trockengewichts bei Garn **03**, 273; — Gebührenordnung **06**, 325; — Kosten der Rechtshilfe bei Vernehmung v. Sachverständigen **08**, 174; — Ladung der Sachverständigen **03**, 381; — Vernehmung von Beamten u. Bediensteten als solche **02**, 520, 549.

**Sachverständigenkammern** für Muster u. Modelle **07**, 381; — für Werke der Künste u. Photographie **07**, 375, 379; — für Werke der Literatur u. Tonkunst **02**, 570, 595; **06**, 6.

**Schätzer**, amtliche, d. Grundstückwerts **09**, 307; — Gebühren **09**, 319.

**Schätzung**, amtliche, des Grundstückswerts **09**, 307.

**Schätzungsverfahren** bei Aufstellung u. Beeidigung der Schätzer **09**, 307.

**Scheckgesetz**, Vollzugsvorschriften **08**, 151.

**Scheckproteste** **08**, 149, 199, 241; — Gebühren derselben **08**, 149.

**Scheckstempelmarken** **09**, 458.

**Scheckverkehr**, Dienstesvorschriften für Gerichtsvollzieher u. Notare **08**, 199; — bei der Bank **07**, 185.

**Schlüsselduplikate** zu den rentamtlichen Kassen, deren Verwahrung betr. **03**, 382.

**Schöffen-** u. Geschworenendienst, Herstellung der Listen u. Wahlen betr. **04**, 93.

**Schöffengerichtliche** Geschäftsbehandlung **03**, 295; **04**, 2.

**Schreibarbeit**, Entlastung der Richter von derselben **07**, 237.

**Schreibgebühren** für Wechselproteste **03**, 452.

**Schreibmaschinen**, Anschaffung bei den Amtsgerichten **07**, 229; — deren Verwendung beim Notariat **08**, 231; — deren Verwendung bei den Standesämtern **09**, 246.

**Schriften** in den Strafanstalten **07**, 327.

**Schriftlicher** Verkehr u. Besuche in Strafanstalten **07**, 318.

**Schublieferungen** durch nicht bayerische Behörden **02**, 1102.

**Schuldnerverzeichnis** **07**, 209.

**Schulunterricht** in den Strafanstalten **07**, 327.

**Schutzgebiete**, Ersuchen um Rechtshilfe dorthin **07**, 134.

**Schweden**, Rechtshilfeverkehr m. Schweden **07**, 153; — Vormundschaftsrecht mit Schweden **06**, 138.

**Schweiz**, Auslieferungsverkehr mit der Schweiz **03**, 433; **05**, 683; **05**, 833; **07**, 153; **09**, 47; — Behörden, m. denen unmittelbarer Verkehr statthaft **06**, 54; — Zivilstandsurkundenaustausch **06**, 1; — Eheschließungen betr. **04**, 152; **05**, 801; — Personenstandsurkundenaustausch **07**, 418; — Rechtshilfeverkehr mit der Schweiz **06**, 54, **07**, 175 ff.; — Rechtshilfeverkehr mit der Schweiz in Strafsachen **03**, 357; — schweizerische Urteile, Vollstreckung im Inlande **05**, 6; — schweizerisches Zentralpolizeifahndungsblatt, verwendbar für die bayer. Justizbehörden **05**, 684; — Vormundschaftsrecht **06**, 139 ff.

**Seelsorge** in den Strafanstalten **07**, 326.

**Sekretär**, Titel der Gerichtsschreiber **08**, 331.

**Sekretariatsassistenten**, deren Aufstellung **08**, 331.

**Serbien**, Auslieferungsverkehr mit Serbien **09**, 49; — Rechtshilfeverkehr mit Serbien **07**, 154.

**Sicherheitsleistung** d. Reichsangehörigen gegenüber Eingeborenen **02**, 532.

**Siegel**, das Verfahren bei Anlegung derselben 02, 962.
**Sitzungskleidung** der Justizbeamten 09, 227; — der Rechtspraktikanten 09, 107.
**Sonntagsdienst** bei den Justizbehörden 02, 1112; 03, 85.
**Sonntagsruhe** bei den Justizbehörden 09, 85, 239; — der Justizbehörden 09, 327.
**Sonntagsschulpflichtige** Personen, hier Strafvollstreckung betr. 03, 434.
**Spanien**, Auslieferungsverkehr m. Spanien 09, 49; — Rechtshilfeverkehr mit Spanien 07, 154; — Vormundschaftsrecht 06, 144.
**Staatliche** Arbeiten und Lieferungen, Vergebung derselben 07, 48.
**Staatsanwaltschaft**, Hilfsbeamte 06, 36.
**Staatsanwaltschaftliche** Kanzleien, deren Einrichtungen 09, 345.
**Staatsbudget**, Anordnung für Aufstellung u. Vollzug desselben 07, 210.
**Standesämter**, hier Verwendung der Schreibmaschinen 09, 246.
**Standesbeamten**, Anzeigen von Geburten an die Amtsgerichte 04, 55; — deren Amtssiegel 02, 242; — in der Pfalz, deren Amtsführung 05, 574; 09, 288; — der Verkehr der Justizbeamten mit den Standesbeamten 09, 326.
**Statistik** in den Angelegenheiten der freiwilligen Gerichtsbarkeit, Tabellen 03, 239; — der Zwangserziehung 04, 49.
**Stellvertreter** eines Rechtsanwalts, Bestellung betr. 07, 48.
**Stellvertretungskosten** aus Anlaß der Vorladung von Beamten u. Bediensteten zu gerichtlichen Verhandlungen betr. 02, 235; 09, 555.
**Stempelgesetz**, Vollzug betr. 06, 232.
**Sterbefälle**, s. Geburtsfälle.
**Sterbefallsanzeige** durch die Standesbeamten an die Amtsgerichte 06, 219; — bei Tod während der Fahrt auf Eisenbahnen u. Binnenschiffen 02, 1053.
**Sterbemonats-** u. Sterbenachmonatsraten 03, 436.
**Sternplannummern**, Bezeichnung der Grundstücke mit solchen 03, 1.
**Stiftungs-** u. Gemeindegelder, deren Anlegung 05, 701; 09, 551.
**Strafanstalten**, Beamtenkonferenz 07, 351; — -Beamte, deren Titeländerung 05, 827; — Einweisung v. Verurteilten in dieselben 03, 41, 54, 420; 08, 87, 103; 09, 71, 76, 105, 297; — deren Hausordnung 07, 309; — Mitteilung von Anklageschriften an sie 06, 53.
**Strafaufschub**, hier staatsanwaltschaftliches Verzeichnis hiezu 03, 452.
**Strafgefangene**, deren zeitweilige Überlieferung an andere Behörden 06, 282; 09, 99; — deren vorläufige Entlassung 08, 183.
**Strafliften**, hier deren Versendung im Original 08, 252.
**Strafnachrichtenaustausch** mit Österreich 06, 270; — mit Norwegen 07, 184; — mit Griechenland 07, 353; — mit Peru 02, 615.
**Strafregister**, die Einrichtung von Strafregistern u. wechselseitige Mitteilung der Strafurteile 05, 792; 08, 252; — Erlangung derselben durch niederländische Justizbehörden 07, 71; — Vermerkung der Begnadigung in denselben 07, 114.
**Straffachen**, Abfassung der Urteile in Straffachen 07, 242; — Ausführung der Zustellungen von Amts wegen 04, 127.

**Strafverfahren** wegen Hochverrats und Landesverrats gegen Kaiser und Reich u. wegen Verrats militärischer Geheimnisse 05, 573; 06, 231; — gegen Jugendliche 08, 161; — die im Strafvollzugsverfahren den Ersatz- und Militärbehörden zu machenden Mitteilungen 02, 728; — Geisteszustand der Verurteilten, Gutachten hierüber 03, 435.

**Strafvollzug**, hier Haftbefehl nach § 489 StPO. 05, 742; — von militär- und zivilgerichtlich erkannten Gesamtstrafen an Personen des Beurlaubtenstandes 09, 509; — v. militärgerichtl. erkannten Strafen im Falle d. §§ 156, 160, 161 MilStGB. durch Zivilbehörden 09, 509; — an Minderjährige, d. zur Zwangserziehung in einer Familie oder Anstalt untergebracht sind 04, 95; — Mitteilungen durch d. Staatsanwaltschaft an die Strafanstalten 06, 53; — an Personen, die im Irrenhause untergebracht sind 03, 435; — an sonntagsschulpflichtigen Personen 03 434; — Verzeichnis der Staatsanwälte über gewährten Strafaufschub 03, 452.

**Sühneverfahren** in Ehesachen, Benachrichtigung der Pfarrämter 05, 662.

**Stundung** der Malzaufschlagsgefälle 02, 523.

## T.

**Tabelle** zur Berechnung der Gebühr des Art. 55 Gebührengesetz 07, 32; — zur Statistik in Angelegenheiten der freiwilligen Gerichtsbarkeit 03, 239; — zur Statistik über die Zwangserziehung 04, 149.

**Tagegelder** der Gerichtsvollzieher 04, 110.

**Tagesordnung** in Strafanstalten 07, 384.

**Taler** deutschen Gepräges, deren Außerkurssetzung 07, 372; — österreichische Währung, deren Einziehung 03, 270.

**Tantiemen** der Notare für Erhebung der Gebühren u. örtlichen Abgaben 02, 292, 297.

**Telephongebühren**, deren Zahlung u. Verrechnung 03, 67, 279; 09, 213.

**Telephongespräche**, deren Verrechnung 03, 67, 279; 09, 213.

- - apparate, deren Pfändung 03, 315.

**Telegraphen-Apparate**, deren Pfändung 03, 315.

**Telegramme**, Behandlung der gestundeten Gebühren 07, 354; — Gebühren, deren Verrechnung 09, 213.

**Testamentserrichtung** vor dem Gemeindevorsteher 08, 74.

**Testamentsregister** der Notare 03, 339.

**Titeländerung** für die Strafanstaltsbeamten 05, 827.

**Todesfälle**, Anzeige der Standesbeamten an die Amtsgerichte 06, 219.

**Todesursachen**, Verzeichnis von Krankheiten u. Todesursachen 05, 38.

**Tonkunst**, Sachverständigenkammer für Werke der Tonkunst 02, 570; 06, 6.

**Totenscheine**, Ausstellung derselben 06, 194; 09, 290.

## U.

**Überlieferung**, zeitweilige, v. Gefangenen 06, 282; 09, 99.

**Übernachtungsgebühren** der Gendarmen 06, 325.

**Übersicht** der bestehenden Gewerbegerichte 03, 255; 04, 70.

**Überwachung** der Verlosung u. Kündigung der Wertpapiere 02, 616.

**Umzugskosten** an Beamte u. Bedienstete 02, 1027, 1034, 1063.

**Unfallfürsorge** für Gefangene 02, 359, 362; 07, 68; 09, 124.

**Ungarn**, Verzeichnis der Gerichtsbehörden in Ungarn 07, 170.

**Unmittelbarer** Verkehr mit fremden Konsularbehörden, siehe Konsularbehörden.

**Unterbringung** jugendlicher Personen in Erziehungsanstalten gemäß § 56 RStGB. 02, 612.

**Unteroffiziersdienstprämien**, deren Pfändung 09, 188.

**Unterstützung** der Notariatsgehilfen 08, 21.

**Unterstützungsverein** für die Hinterbliebenen der k. b. Staatsdiener, s. Allgemeinen Unterstützungsverein.

**Untersuchungen**, bakteriologische 03, 17, 386.

**Untersuchungsanstalten**, deren Beamte als Zeugen oder Sachverständige hinsichtlich der Gebühren-Ordnung 02, 531; — Mitteilungen an dieselben 02, 556; 08, 59.

**Untersuchungshaft**, Anordnung der Untersuchungshaft 07, 201; — Grundsätze für die Anordnung derselben für Staats- u. Amtsanwälte 07, 201; — Kosten derselben 03, 385; 07, 89; — unschuldig erlittene, hier Entschädigung hiefür 05, 743; 07, 209; 08 336; — Vollstreckung derselben 03, 384.

**Untersuchungshandlungen**, Kosten derselben im Rechtshilfeverfahren 07, 90.

**Urheberrecht** an Muster u. Modellen, hier Vollzug d. Gesetzes v. 11. Jan. 1876 07, 377.

**Urkunden**, Beglaubigung der zum Gebrauch in Rußland bestimmten Urkunden 05, 37; — konsularische Beglaubigung der zum Gebrauche im Ausland bestimmten Urkunden 04, 148; — notarielle über die Änderung von Zins- u. Zahlungsbestimmungen, Bewerbung von Urkunden 07, 30.

**Urlaub** der Justizbeamten 04, 105; 09, 334.

**Urteile** in bürgerlichen Rechtsstreitigkeiten u. Strafsachen, deren Abfassung 07, 242; — der Schöffengerichte, deren Aufbewahrung in den Akten 03, 295; — Vollstreckbarkeit schweizerischer Urteile im Inlande 05, 6; — Vollstreckung im Auslande 07, 143; — Vollstreckung deutscher Urteile in Bosnien u. der Herzegowina 04, 110; — Vollstreckung deutscher Urteile in Österreich 05, 3.

**Uruguay**, Auslieferungsverkehr m. Uruguay 09, 56; — Rechtshilfeverkehr mit Uruguay 07, 155, 184; — unmittelbarer Verkehr mit dem Konsulate der Republik 07, 374.

## V.

**Venezuela**, Rechtshilfeverkehr mit Venezuela 07, 155.

**Vereinigte** Staaten von Amerika, Auslieferungsverkehr damit 06, 5; 09, 50; — Rechtshilfeverkehr damit 07, 155.

**Verfolgung** von Verbrechen oder Vergehen, die von Deutschen in Großbritannien, in den Vereinigten Staaten von Amerika oder in den Niederlanden, oder von Staatsangehörigen

Großbritanniens, der Vereinigten Staaten von Amerika oder der Niederlande in Deutschland begangen sind 02, 1074.

**Vergebung** staatlicher Arbeiten u. Lieferungen 07, 48.

**Vergütungen**, besondere an die Staatsbediensteten 05, 127; — bei Umzug von Beamten u. Bediensteten 02, 1027.

**Verhaltungsmaßregeln** für die Strafanstaltsgefangenen 07, 335.

**Verkehr** der Justizbehörden mit den Gemeindebehörden 09, 326; — der Justizbehörden mit den in Bayern zugelassenen fremden Konsularbehörden 04, 2, 92; 05, 5; 07, 52, 184, 374, 422; 08, 119, 142, 176, 243, 260; 09, 122, 189; — unmittelbarer mit den deutschen Konsuln 09, 201, 204; — unmittelbarer mit den niederländischen Justizbehörden 07, 71.

**Verkehrsbeamte**, Ersatz deren Stellvertretungskosten bei Zeugschaft 09, 556.

**Verlosung** hinterlegter Wertpapiere, Überwachung derselben 02, 617.

**Vernichtung der Akten 05, 565.**

**Verpackung** der neuen Dreimarkstücke 08, 233.

**Verrechnung** von Geldstrafen u. von Erlösen eingezogener Gegenstände in gerichtlichen Zollstrafsachen 05, 1; — der Post-, Telephon- u. Telegraphengebühren 09, 213.

**Versorgung** der Personen der Unterklassen des Reichsheeres der kaiserl. Marine u. der kaiserl. Schutztruppen nach dem Reichsgesetze vom 31. Mai 1906, hier Vorlage der Pensionsquittungsbücher 06, 180.

**Versteigerungsbedingungen** bei der Zwangsvollstreckung in das unbewegliche Vermögen, hier Änderung d. Art. 55 ZVerstGes. 03, 252.

**Verurteilte**, deren Einweisung in die Strafanstalten, s. Strafanstalten; — Gutachten über deren Geisteszustand 03, 435.

**Verwertung** eingezogenen Weines 08, 25.

**Verzeichnis** der Amtsstellen der schweizerischen Kantone, an welche sich die deutschen Behörden wegen Rechtshilfe in Strafsachen wenden können 03, 357; — der Behörden in niederländischen Kolonien, bei denen die vorläufige Festnahme flüchtiger Personen beantragt werden kann 09, 199; — der fremden Konsularbehörden, mit denen den bayr. Justizbehörden der unmittelbare Verkehr gestattet ist 03, 244; 04, 292; 05, 5; 07, 48; — der Gegenstände, die sich zur Aufnahme in das Kriminalmuseum eignen 03, 387; — der Gewerbegerichte in Bayern 03, 255; 04, 70; 08, 137; — der Gerichtsbehörden in Österreich-Ungarn, Bosnien und der Herzegowina 07, 159; — der Institute, Anstalten, Unternehmungen u. Firmen, die zur Aufnahme v. geprüften Rechtspraktikanten bereit sind, siehe Anstalten; — des kaiserl. Gesundheitsamts über Krankheiten u. Todesursachen 05, 38; — der Kaufmannsgerichte in Bayern 08, 119; — der Konsularbeamten, die zur Abhörung von Zeugen u. Abnahme von Eiden allgemein ermächtigt sind 03, 363; 06, 134; — der für den Rechtshilfeverkehr im Geltungsbereiche des Haager Abkommens über den Zivilprozeß vom 17. Juli 1905 zuständigen deutschen Konsule u. deren Amtsbezirke 09, 207; — der schweizerischen Behörden, denen der unmittelbare Verkehr mit deutschen Gerichtsbehörden gestattet ist **06**, 54; — der Stellen, die den Militäranwärtern im Reichsdienste vorbehalten sind **07**, 127; — der Zwangserziehungsanstalten für Minderjährige **02**, 653; **03**, 82; **04**, 28; **04**, 95; **05**, 793; **06**, 82; **07**, 419; **09**, 209.

**Viehpulver**, Handel mit Viehpulver, Vorschriften für Amts- u. Staatsanwälte zur Unterdrückung des Handels **03**, 269.

**Vollstreckbarkeit** landesrechtlicher Hypothekenurkunden in das eingebrachte Gut einer Ehefrau **09**, 511; — schweizerischer Urteile im Inlande **05**, 6.

**Vollstreckung** von Disziplinarstrafen üb. Mannschaften des Beurlaubtenstandes **05**, 648; — der Urteile im Ausland **07**, 143; – v. deutschen Urteilen in Bosnien u. Herzegowina **04**, 110; — v. deutschen Urteilen in Österreich **05**, 3; — von Freiheitsstrafen an sonntagsschulpflichtigen Personen **03**, 434; — von Freiheitsstrafen an den zur Zwangserziehung in einer Familie oder in einer Anstalt untergebrachten Minderjährigen **04**, 95; — von militärgerichtlich erkannten Gesamtstrafen, die auf bürgerliche Behörden übergeht **03**, 418; — von Untersuchungshaft **03**, 384.

**Vollzug** von Gesetzen, siehe die Gesetze selbst.

**Vorbedingungen** für den mittleren Finanzdienst **05**, 645.

**Vormundschaftsgebühren**, gerichtliche **07**, 11.

**Vormundschaftsgerichtliche** Tätigkeit bei Vermittlung von Lehrstellen im Handwerke **03**, 267.

**Vormundschaftsrecht im Auslande über Minderjährige, hier Haager Abkommen 06, 137—144; — mit Belgien 06**, 137; — **mit Frankreich 06**, 37; — mit Italien **06**, 138; — mit Luxemburg **06**, 138; — mit den Niederlanden **06**, 138; — mit Rumänien **06**, 138; — mit Schweden **06**, 138; — mit der Schweiz **06**, 139 ff.; — mit Spanien **06**, 144.

**Vorschriften** über die Einziehung oder Kürzung der Zivilpersonen usw. bei Wiederbeschäftigung oder Wiederanstellung nach dem Reichsbeamtengesetz **09**, 291.

— über das Verfahren der Ärzte bei der gerichtlichen Untersuchung von Leichen **08**, 159.

# W.

**Waisenlisten**, die Formulare zu denselben betr. **03**, 97; — die Führung derselben betr. **04**, 53; — deren Führung hinsichtlich d. Zwangserziehung **07**, 181.

**Waisenräte**, Postkartenverkehr, s. Postkarten der Waisenräte.

**Wandernde** Gewerbegehilfen, ob Landstreicher **06**, 7.

**Wechselproteste 08**, 199, 241; — Schreibgebühren **03**, 452.

**Wechselverkehr**, Dienstesvorschriften für Gerichtsvollzieher u. Notare **08**, 199.

**Wein**, die Verwertung eingezogenen Weines **08**, 25.

**Weingesetz**, Vollzug desselben **07**, 2; **09**, 431, 530.

**Wertpapiere**, die Verlosung u. Kündigung betr. **02**, 616.

**Widerspruchsbenachrichtigung** bei Zahlungsbefehlen 02, 567.
**Willenserklärungen**, deren Zustellung durch den Gerichtsvollzieher 02, 1049.
**Wohnungsentschädigung** für d. Staate überlassene Wohnungen
**Wohnungsgeldzuschüsse** 04, 173.

# Z.

**Zählkarten**, Alkoholzählkarten 09, 505; — im Konkursverfahren 05, 35.
**Zahlung** u. Verrechnung der Post-, Telegramm- u. Telephongebühren 09, 213.
**Zeitweilige** Überlieferung von Strafgefangenen 06, 282; 09, 99.
**Zentralpolizeiblatt** 02, 1093.
**Zeugen**, die Ermittlung früherer Bestrafungen 08, 131.
**Zeugen-** u. Sachverständigengebühren, deren Ausbezahlung betr. 05, 33; — für Gendarmen 06, 325; — an Personen, die in einem Dienst- oder Arbeitsverhältnis stehen 04, 50; — an Verkehrsbeamte 09, 557.
**Zeugniszwangshaft**, deren Anwendung 08, 1.
**Zins-** u. Zahlungsbestimmungen, Bewertung von notariellen Urkunden bei Änderung derselben 07, 30.
**Zivilstandsaktenaustausch** mit dem Auslande 06, 2.
**Zivilstandsurkundenaustausch** mit der Schweiz 06, 1.
**Zivilversorgungsscheine** 07, 251, 255, 272, 274—276.
**Zollgeldstrafen** u. eingezogene Gegenstände, deren Verrechnung 05, 1.
**Zulage** an die Staatsbeamten u. -Bediensteten 02, 721; 05, 811.
**Zuschlag**, Erhebung eines solchen zu d. Gebühren- u. Erbschaftssteuern 04, 132.
**Zuschlagsgebühr** zu den Gebühren u. Erbschaftssteuern 04, 132; 08, 3.
**Zustellungen** von Amts wegen betr. Statistik 02, 305, 519; — von Amts wegen in Strafsachen 04, 127; — im Ausland, das Verfahren betr. 07, 131; — an Gefangene 03, 308; — an Militärgefangene 04, 127; — Vorschriften für die Justizverwaltung 03, 102; — Vorschriften für die Post 08, 251; — von Willenserklärungen durch den Gerichtsvollzieher 02, 1049; — im Zwangsversteigerungsverfahren 05, 587.
**Zwangserziehung**, Ausführungsbestimmungen zum Zwangserziehungsgesetze 02, 629; 03, 81; 04, 28, 95; — Kosten im Verfahren 09, 210; — Tabelle zur Statistik 04, 149.
**Zwangserziehungsanstalten** für Minderjährige 02, 653; 03, 82; 04, 28; 05, 793; 06, 82; 07, 419; 09, 209.
**Zwangsversteigerungsverfahren**, hier Vorschriften für die Grundbuchämter 05, 587.
**Zwangsvollstreckung**, Duldung der Zwangsvollstreckung in das eingebrachte Gut der Ehefrau aus Hypothekenurkunden 09, 510; — in das unbewegliche Vermögen 03, 252; 05, 587, 829; 06, 74.

FSC
www.fsc.org
MIX
Papier | Fördert gute Waldnutzung
FSC® C083411

Kolibri 360 GmbH
Ferdinand-Jühlke-Straße 7
99095 Erfurt, Deutschland
produktsicherheit@kolibri360.de